Una vez más

Respuestas para la edición del estudiante

Tercera edición

Una vez más

Un repaso completo de gramática avanzada

James H. Couch

Rebecca D. McCann

Carmel Rodríguez-Walter

Ángel Rubio-Maroto

ISBN-13: 978-0-13-361127-4
ISBN-10:   0-13-361127-2
26 2022

Respuestas de los ejercicios en la edición del estudiante Primera Lección

Ejercicio de reflexión (pág. 1)

1. voy
2. empieza
3. Leéis
4. se despierta
5. tengo
6. esperan
7. hago
8. Te aburres
9. destruyen
10. nieva

Ejercicios de comprobación (págs. 4 – 6)

A. 1. Nosotros nos despertamos.
2. Ellas se peinan.
3. Vosotros dormís.
4. Nosotros volvemos.
5. Uds. piden.
6. Nosotros negamos.
7. Ellos conocen.
8. Nosotros tejemos.
9. Ellas suelen correr.
10. Vosotros os levantáis.
11. Nosotros nos quejamos.
12. Ellos piensan.
13. Nosotros empezamos.
14. Vosotros traducís.
15. Nosotros solemos estudiar.
16. Vosotros construís.
17. Ellas se acuestan.
18. Nosotros escogemos.
19. Uds. se visten.
20. Nosotros hemos de seguir.

B. 1. Yo comienzo.
2. Tú diriges.
3. Él se acuerda.
4. Yo me visto.
5. Ella consigue.
6. Tú te enamoras.
7. Tú llegas.
8. Ella es.
9. Él suele cantar.
10. Yo traduzco.

C. 1. Sí, (María) prepara el discurso.
2. Sí, (ellos) se pasean por el campo.
3. Sí, toco el piano.
4. Sí, (él) devuelve el coche al vendedor.
5. Sí, (nosotros) nos acostamos temprano.
6. Sí, buscamos al perro.
7. Sí, suelo ir al cine los sábados.
8. Sí, (ellas) se ven con frecuencia.
9. Sí, conozco a todos mis compañeros de clase.
10. Sí, dirijo el coro.

D. 1. tengo
2. me aburro
3. creen
4. debemos
5. solemos
6. hemos
7. han
8. están
9. voy
10. hace
11. dicen
12. es
13. se cansan
14. nos alegramos
15. pongo
16. me quedo

E.1. – 4. Las respuestas variarán.

Ejercicio de reflexión (pág. 7)

1. son
2. está
3. son
4. Es
5. estás
6. estamos, es / está
7. está
8. es
9. estamos
10. estar

Ejercicios de comprobación (págs. 10 – 12)

A.
1. es, Son
2. es
3. Es, es
4. son / están
5. son
6. está
7. es
8. está
9. está
10. es
11. Está
12. Es
13. estoy
14. es
15. está
16. es, estamos
17. está
18. es
19. es
20. está

B. 1. – 15. Las respuestas variarán.

C. 1. – 10. Las respuestas variarán.

D. 1. – 10. Las respuestas variarán.

Ejercicio de reflexión (págs. 12 – 13)

1. pidiendo
2. lloviendo
3. durmiendo
4. repitiendo
5. trotando
6. sirviendo
7. riendo
8. creyendo
9. elogiando
10. gruñendo

Ejercicios de comprobación (págs. 13 – 14)

A.
1. sigue dando
2. viene cantando
3. Escuchando
4. está durmiendo
5. estoy divirtiendo
6. estás tomando
7. siguen aplaudiendo
8. estás estudiando
9. estás oyendo
10. sigue buscando
11. está riñendo
12. Cuidando
13. repitiendo
14. están entrevistando
15. estamos comiendo

B.
1. nos está sirviendo / está sirviéndonos
2. estamos leyendo
3. estáis haciendo
4. le estoy diciendo / estoy diciéndole
5. te estás riendo / estás riéndote
6. está muriéndose / se está muriendo
7. está lloviendo
8. están jugando
9. están sintiendo
10. está poniendo

C.
1. estoy esperando
2. estoy estudiando
3. estoy tomando
4. nos estamos divirtiendo / estamos divirtiéndonos
5. está anunciando

Ejercicio de reflexión (pág. 16)

1. trasladado
2. informada
3. perdido
4. visto
5. dormido
6. roto
7. traído
8. muerto
9. cubierta
10. pensado

Ejercicios de comprobación (pág. 17)

A.
1. oído
2. fritas
3. hecho
4. leído
5. animada
6. abiertas
7. puesto
8. sentados
9. escrito
10. muerto
11. despiertos
12. rota
13. dicho
14. cubierta
15. resueltos, estudiado
16. descalzos
17. confesado
18. vacías
19. despierto
20. propagado

B. 1. – 4. Las respuestas variarán.

C. 1. – 4. Las respuestas variarán.

Ejercicio de reflexión (págs. 19 – 20)

1. La puerta *es cerrada* por el niño.
2. El famoso cuadro "Guernica" *es explicado* por el guía.
3. Nuestro territorio *es invadido* por las tropas enemigas.
4. Las exposiciones mundiales *son vistas* por millones de personas.
5. Los refranes *son repetidos* por los sabios.

Ejercicios de comprobación (pág. 21)

A.
1. En México, *se preparan* las tortillas con maíz.
2. Los adjetivos de nacionalidad *se escriben* con letra minúscula.
3. En España *se fríe* el pescado en aceite de oliva.
4. En los restaurantes *se sirve* pan con las comidas.
5. En esta clase *se exige* una preparación meticulosa.

B.
1. Un buen cocinero *prepara* la comida.
2. *Discuten* los problemas.
3. La tempestad *destruye* la cosecha.
4. Millones de turistas *invaden* la costa cada año.
5. Los universitarios *frecuentan* los mesones.
6. El primer ministro *nombra* al embajador.
7. El veterinario *atiende* al perrito.
8. Todos *temen* a los terroristas.
9. La Academia del Cine *premia* a los buenos actores.
10. El público *reconoce* al atleta.

Ejercicio de reflexión (pág. 22)

1. Vengan
2. olvides
3. Salid
4. se acuesten
5. Saque
6. te quedes
7. Levántense
8. vayamos
9. Marchaos
10. te equivoques

Ejercicios de comprobación (págs. 24 – 26)

A.
1. ¡*Escucha* bien!
2. ¡*Dime* la verdad!
3. ¡*Vaya* a la biblioteca para estudiar!
4. ¡*Démosle* el dinero a él!
5. ¡*Salid* ahora!
6. ¡*Terminen* el crucigrama!
7. ¡*Empieza* el proyecto hoy!
8. ¡*Seguid* mi ejemplo!
9. ¡*Duerme* en el sofá!
10. ¡*Conduzcan* con cuidado!

B.
1. *No comáis* el pan.
2. *No busques* tus llaves.
3. *No vayas* a la oficina del director.
4. *No nos bañemos* en el Mediterráneo.
5. *No lo hagas* para él.
6. *No traigáis* la merienda.
7. *No me dé* Ud. su carnet de identidad.
8. *No se diviertan* Uds. en el banquete.
9. *No me lo devuelvas* mañana.
10. *No crucemos* la calle en la esquina.

C.
1. Siéntese
2. ten
3. lleguen
4. Salgamos
5. Pagad
6. pierdan
7. Diga
8. acostaos / acuéstense
9. Ven
10. Manténganse
11. Cállense
12. os vayáis

D. Las respuestas variarán.

Ejercicios de repaso (págs. 26 – 30)

A.
1. conozco, conduzco
2. valen
3. estáis
4. sé
5. traen
6. se cae, se hace
7. cuchichean
8. calienta
9. Huele, llevo
10. Te acuerdas
11. ladra, muerde
12. piensan
13. consentimos
14. corrige
15. es, se enoja
16. acude
17. se enferma, come

B.
1. Apaguen
2. Aprovecha
3. te acuestes
4. abróchense, fumen
5. Coloquen
6. corra
7. Almorcemos
8. Escoja
9. desaparezcas
10. distribuya
11. os mováis
12. Cancelen
13. pises
14. Practiquemos
15. Interpretemos

C. 1. Muchas novelas *son escritas* por Julia Álvarez.
   2. Los poemas *son leídos* por la poetisa.
   3. Las frutas *son exportadas* por España e Italia.

D. 1. Muchos barcos *atraviesan* el Canal de Panamá.
   2. El médico *cura* a los pacientes con tuberculosis.
   3. Los decanos *establecen* las reglas de conducta.

E. 1. *Se habla* portugués en el Brasil.
   2. En las islas del Caribe, *se comen* muchas habichuelas.
   3. En la Argentina, *se produce* mucho trigo.

F. 1. están
   2. está
   3. Es
   4. es
   5. es
   6. son
   7. Es
   8. está
   9. está
   10. están
   11. es
   12. Son, están / estamos
   13. es, está
   14. es, es
   15. están

G. 1. he
   2. faltado
   3. recuerdo
   4. me veo
   5. jugando
   6. corriendo
   7. aprendiendo
   8. viajando
   9. divirtiéndome
   10. viendo
   11. tengo
   12. pienso
   13. podemos
   14. conoce
   15. charla
   16. sale
   17. oye
   18. ve
   19. estudia
   20. tienen
   21. ganar/ganando
   22. ser/siendo
   23. derrota
   24. enamorándose / enamorarse
   25. sufren
   26. suspenden
   27. son
   28. sienten
   29. dicen
   30. es
   31. imponen
   32. repiten
   33. te acuestes
   34. Come
   35. Conduce
   36. Ten
   37. apreciamos
   38. tenemos
   39. debemos
   40. quiere
   41. recibimos
   42. podemos
   43. Hay
   44. ofrece
   45. hemos
   46. disfrutando
   47. dice

H. 1. Ha
   2. afecta
   3. se atreve
   4. muestra
   5. cobran
   6. exige
   7. está
   8. ha
   9. Se pide
   10. cumplen
   11. se arriesgan
   12. puede

Actividades de comunicación creativa (pág. 30)

A. – B. Las respuestas variarán.

Segunda Lección

Ejercicio de reflexión (pág. 31)

1. he
2. has
3. ha
4. hemos
5. ha
6. hemos
7. han
8. hemos
9. Habéis
10. ha

Ejercicio de comprobación (pág. 33)

1. ha
2. han
3. he
4. Has
5. ha
6. hemos
7. ha
8. Ha
9. han
10. habéis

Ejercicio de reflexión (págs. 33 – 34)

1. almorcé
2. anduvimos
3. averiguaste
4. buscó
5. se cayó
6. di
7. dijo
8. estuvisteis
9. quisieron
10. vine

Ejercicios de comprobación (págs. 36 – 38)

A.
1. fuiste
2. huyó
3. pudimos
4. supieron
5. jugué
6. siguieron
7. comencé
8. tuvisteis
9. creíste
10. oísteis
11. hicieron
12. rieron
13. trajisteis
14. vinieron
15. tradujimos
16. leyeron
17. cupo
18. eligieron
19. gruñó
20. toqué

B. Las respuestas variarán. Respuestas posibles:
1. *Sí, busqué* el periódico.
2. *Elegimos* al presidente.
3. Sí, el sobre *cupo* en el buzón.
4. *Me caí* en la calle.
5. *Vine* tarde.
6. Sí, Uds. *pudieron* hacerlo.
7. Sí, *hice* el trabajo.
8. Sí, *seguí* al criminal.
9. Sí, *oímos* las noticias.
10. *Jugué* ayer por la tarde.

C. 1. nació
   2. vivió
   3. impidieron
   4. pudo
   5. se trasladó
   6. trabajó
   7. estudió
   8. conoció
   9. obtuvo
   10. revolucionó
   11. diseñó
   12. se caracterizó
   13. se convirtió
   14. atropelló
   15. Fue
   16. atendieron
   17. pudieron
   18. falleció
   19. dejó

Ejercicio de reflexión (pág. 38)

   1. quería
   2. te acostabas
   3. iba
   4. éramos
   5. pedíais
   6. se divertían
   7. solía

Ejercicios de comprobación (págs. 41 – 43)

A. 1. actuó
   2. sufrió
   3. puso
   4. fue
   5. Dijo
   6. temblaban
   7. cabía
   8. dominaba
   9. había
   10. fue
   11. era
   12. había
   13. triunfó
   14. había
   15. acabó
   16. brillaba

B. 1. trabajaba, contaba
   2. empezaba, llegaron
   3. conducía, vi
   4. se empeñaba
   5. asistieron
   6. Eran, aterrizó
   7. salíamos, desayunábamos
   8. prestaba
   9. vivías, tenías, eran

C. 1. se reunieron
   2. se conocieron
   3. estaban
   4. esperaban
   5. Llegó
   6. se despidieron
   7. Hacía
   8. aterrizó
   9. subieron
   10. iba
   11. estaba
   12. había
   13. podían
   14. estaba
   15. atropelló
   16. supieron
   17. estaba
   18. se sintió
   19. bajó
   20. dijo

D. 1. Era
   2. había
   3. se alegraba
   4. estaba
   5. se encontraba
   6. subió
   7. se abrió
   8. entró
   9. se dirigió
   10. estaba
   11. Abrió
   12. cubría
   13. dio
   14. se despertó
   15. terminó
   16. se marchó
   17. explicó
   18. era

E. 1. fue
   2. acabó
   3. se convirtió
   4. eran
   5. atravesaron

Ejercicio de reflexión (pág. 44)

   1. habían hecho
   2. se había desmayado
   3. habíamos conocido
   4. habías dicho
   5. había dejado

Ejercicios de comprobación (págs. 45 – 46)

A.
1. os habíais expresado
2. había engañado
3. había escrito
4. habían comido
5. habían indicado
6. había puesto

B.
1. me había despedido
2. había terminado
3. Habíamos puesto
4. habíamos creído
5. habían venido
6. había pedido
7. se habían reído
8. habían hecho

C.
1. había dejado
2. habían devuelto
3. había dicho
4. había sonado

Ejercicio de comprobación (pág. 46)

1. La alarma *fue causada* por la gripe aviar.
2. Los refranes *eran repetidos* por los pequeños.
3. La máquina *había sido revisada* por el inspector.
4. Las cartas *han sido distribuídas* por la cartera.

Ejercicios de repaso (págs. 47 – 51)

A.
1. hicieron
2. Salieron
3. hacía
4. notaron
5. se pusieron
6. Pasaron
7. partieron
8. iban
9. recibieron
10. llevaron
11. fueron
12. costó
13. terminó
14. volvieron
15. sentían
16. decidieron
17. iban

B.
1. viví
2. condujo
3. se casaron
4. cupe
5. hizo
6. leímos
7. saqué
8. estuvo
9. sirvió
10. huyeron
11. empecé
12. Supieron
13. fuimos
14. puso
15. dio

C.
1. andábamos
2. tenía
3. escribías
4. era
5. nos levantábamos
6. se veían
7. jugabais
8. estaba
9. íbamos
10. Querías

D.
1. he venido;
   había venido
2. ha dicho;
   había dicho
3. hemos leído;
   habíamos leído
4. te has levantado;
   te habías levantado
5. habéis vivido;
   habíais vivido
6. han abierto;
   habían abierto
7. he oído;
   había oído
8. nos hemos divertido;
   nos habíamos divertido
9. Has traído;
   Habías traído
10. se han puesto;
    se habían puesto

E. 1. El proyecto *será terminado* por Ángela.
   2. El paciente *fue ayudado* por la enfermera.
   3. El jardín recién sembrado *fue invadido* por los cuervos.
   4. La casa *fue diseñada* por el arquitecto.
   5. Varias películas premiadas en los festivales de cine *han sido dirigidas* por Almodóvar.

F. 1. llueve
   2. cierro
   3. caminamos
   4. era, iba
   5. escrito
   6. sentarte
   7. di
   8. entraron
   9. acostarnos
   10. vuelto
   11. prefieren
   12. vemos
   13. es
   14. hizo
   15. leyendo

G. 1. estaban siguiendo
   2. estaba leyendo
   3. estaban pidiendo / estaban pidiéndome
   4. estaba repitiendo
   5. estaban cayendo, estaban destruyendo

H. Respuestas de la primera parte. La segunda parte variará.
   1. estaban
   2. tocaba
   3. querían
   4. fuimos
   5. jugué
   6. vivían
   7. visitaron
   8. hacíais
   9. era
   10. leía

I. 1. éramos
   2. vivía
   3. obligó
   4. había
   5. pareció / parecía
   6. fue
   7. duró
   8. aterrizó
   9. tenía
   10. estaban
   11. residían
   12. habían
   13. hicieron
   14. habían
   15. querían
   16. iba
   17. eran
   18. contestaron
   19. pidieron
   20. empezó

J. 1. había difundido
   2. robados
   3. recuperados
   4. habían sufrido
   5. expuestas
   6. es
   7. describió
   8. andaba
   9. estaba
   10. Estaba
   11. Me quedé
   12. se estaba poniendo / estaba poniéndose
   13. se teñían
   14. Sentí
   15. parecía
   16. Pinté
   17. grintando

K. 1.–5. Las respuestas variarán.

Actividades de comunicación creativa (p. 52)

A.–B. Las respuestas variarán.

Tercera Lección

Ejercicio de reflexión (pág. 53)

1. volveré
2. recibiremos
3. enseñará
4. irán
5. escribiréis
6. estarán
7. Llegarás
8. tendrá
9. querrá
10. nos sentaremos

Ejercicios de comprobación (pág. 54)

1. seguirán
2. tendrá
3. nos olvidaremos
4. se perderán
5. valdrá
6. saldréis
7. cabrán
8. dirán
9. querrá
10. habrá

Ejercicios de comprobación (pág. 55)

A.
1. va
2. van
3. vas
4. van
5. van
6. va
7. voy
8. Vais
9. vamos
10. van

B.
1. van a jugar
2. haremos
3. estudiará
4. empezarán
5. vivirán
6. vas a enfermarte / te vas a enfermar
7. va a sonar
8. voy a ahorrar
9. te acordarás
10. voy a quejarme / me voy a quejar

Ejercicios de comprobación (págs. 56 – 57)

A.
1. harán
2. saldrá
3. se pondrán
4. descubrirás
5. Nevará
6. estaré
7. bajarán
8. Irá
9. será
10. se despedirá

B.
1. dirá
2. Hará
3. me pondré
4. daremos
5. examinarán
6. pasarán
7. Jugaréis
8. me quitaré
9. venderá
10. Podrás

Ejercicio de reflexión (págs. 57 – 58)

1. habré
2. habrás
3. habrá
4. habréis / habrán
5. habremos
6. habrán
7. habremos
8. habréis
9. habrá
10. habrán

Ejercicios de comprobación (págs. 59 – 60)

A.
1. habrá huido
2. se habrá caído
3. se habrán vestido
4. habré hecho
5. habrás vuelto
6. habrán escrito
7. nos habremos acostado
8. habréis aprendido
9. habrá averiguado
10. habremos elegido

B. 1. habrás ido
   habrás hecho
   habrás organizado
   habrás escrito
2. habré pelado
   habré batido
   habré buscado
   habré frito

3. habremos hecho
   nos habremos despedido
   habremos llevado
   habremos hecho

4. se habrán lavado
   se habrán cepillado
   se habrán puesto
   habrán apagado

C. 1. – 5. Las respuestas variarán.

Ejercicio de reflexión (págs. 60 – 61)

1. tendría
2. pensaríamos
3. Saldrías
4. ayudarían
5. dejarían
6. estaría
7. Habría
8. haría
9. mandarían
10. gustaría
11. harías
12. podría
13. querríamos
14. me divertiría
15. Serían

Ejercicios de comprobación (págs. 62 – 63)

A. 1. haría
2. volverían
3. iría
4. habría
5. Desearías
6. Podrían
7. invitaríamos
8. me desmayaría
9. Serían
10. diría
11. trataríais
12. tendría
13. anunciaría
14. querría
15. leeríamos

B. 1. …dejaría…
2. …optarían…
3. …se mudarían…
4. …llegaría…
5. …leería…
6. …querría…
7. …tendría…
8. …censurarían…
9. …serían…
10. …me gustaría…

Ejercicio de reflexión (pág. 63)

1. habría compartido
2. habría prestado
3. habrían ayudado
4. habría invadido
5. habrían alcanzado

Ejercicios de comprobación (pág. 65)

A. 1. Habríamos ido
2. Te habrías levantado
3. Habrían vuelto
4. habría venido
5. Se habrían divertido

B. 1. habría dicho
2. habríamos hecho
3. Habrías puesto
4. habrían leído
5. habrían abierto

Ejercicios de repaso (págs. 65 – 72)

A. 1. salgo / saldré
     a. nos bañamos / nos bañaremos
     b. llevan / llevarán
     c. juegan / jugarán O jugamos / jugaremos
  2. fuimos
     a. vieron
     b. sirvió
     c. se divirtió
  3. aprovecharán
     a. harán
     b. nos quedaremos
     c. trabajarán
  4. a. celebrábamos
     b. trataba
     c. tomabas

  5. a. sonriendo
     b. haciendo
     c. dando
  6. a. ayudaríamos
     b. seguiría
     c. cumpliríais
  7. a. irá
     b. tendrán
     c. tendrá
  8. a. charlaban
     b. hacía
     c. jugábamos
  9. a. respetaría
     b. pagarían
     c. serías

B. 1. se durmió
  2. haría
  3. habían visto
  4. empezaron
  5. Llegué
  6. despierta
  7. fue
  8. veía
  9. ha hecho
  10. Siéntense

C. 1. escrito
  2. se olvide
  3. discutiendo
  4. ponerse
  5. Fue, conoció
  6. gastado
  7. pongáis / pongan
  8. construyeron
  9. insistiendo, cometido
  10. escaparnos

D. 1. habías tenido
  2. habría creído
  3. habremos salido
  4. habrías prestado
  5. habrá pensado
  6. habrán descubierto
  7. Habíamos sido
  8. han envuelto

E. 1. a. tengo /
        he tenido
     b. van / han ido
     c. puedes /
        has podido
  2. a. fuimos
     b. hizo
     c. estuve
  3. a. se divertían
     b. íbamos
     c. nadaban
  4. a. salía
     b. montaba
     c. veíamos
  5. a. tendrá
     b. vendrá
     c. dirá

F. 1. era
  2. fue
  3. tenía
  4. tuvo
  5. supo
  6. se dieron
  7. conocía
  8. vieron
  9. quería
  10. querían
  11. podía
  12. pude

G. 1. sabía
  2. podía, se ahogó
  3. conocí
  4. tenía
  5. quisimos /
     queríamos
  6. recibiste
  7. quiso
  8. supo
  9. conocí
  10. quiso

12 RESPUESTAS — TERCERA LECCIÓN

H. 1. será
   2. tendrán
   3. podrán
   4. habrá
   5. seguirán
   6. se permitirá
   7. será / sería
   8. se considerará

I. 1. – 10. Las respuestas variarán.

J. 1. habré
   2. habré
   3. preferiría
   4. tendré
   5. podré
   6. estarían
   7. tendría
   8. gustaría
   9. pasearía
   10. sería
   11. admiración
   12. iré
   13. conoceré
   14. encontraré
   15. costará
   16. sería
   17. será
   18. nevará
   19. palearé
   20. me haré

K. 1. se rompería, se caería
   2. tendríamos, vendríamos
   3. hubiera / habría, iría / fuera
   4. saldría, correría
   5. querría, podría

L. 1. – 10. Las respuestas variarán.

Actividades de comunicación creativa (pág. 72)

A. – B. Las respuestas variarán.

Cuarta Lección

Ejercicio de reflexión (pág. 73)

1. estén / estemos / estéis
2. haga
3. comuniquen
4. ofrezcan
5. resolvamos
6. vayas
7. tenga
8. sepas
9. haya
10. empiece

Ejercicios de comprobación (págs. 75 – 76)

A. 1. nos divirtamos
   2. estés
   3. almuercen
   4. escoja
   5. choque
   6. sirváis
   7. sepa
   8. oigamos
   9. se acuesten
   10. quepan

B. 1. se sienten
   2. fumen
   3. se abrochen
   4. mantengan
   5. usen
   6. utilicen
   7. pongan
   8. tengan
   9. saquen
   10. se queden
   11. haya

Ejercicios de comprobación (págs. 77 – 79)

A. 1. venga
   2. gastemos
   3. empiece
   4. están
   5. haga
   6. quepáis
   7. durmamos
   8. vaya
   9. salir
   10. sepas

B. 1. c
   2. a
   3. b / c
   4. c
   5. c
   6. c
   7. c
   8. b
   9. a
   10. c
   11. b
   12. a
   13. c
   14. b / c
   15. c
   16. c

C. 1. Mi profesora exige que nosotros nos portemos bien.
   2. Yo me alegro de que Uds. vengan conmigo.
   3. Es una lástima que no haya comida mexicana en ese restaurante.
   4. El arquitecto teme que el puente se caiga.
   5. Es verdad que papá vuelve a casa todos los días a la misma hora.

D. La segunda parte de las respuestas variará.

1. vayan
   compren
   tengan
   lleven
2. estés
   bailes
   conozcas
   hagas
3. durmamos
   salgamos
   preparemos
   busquemos

E. 1.–4. Las respuestas variarán.

Ejercicios de comprobación (págs. 80 – 81)

A.
1. vuelvas
2. entienda
3. llegue
4. crezcan
5. hacer
6. seas
7. me canse
8. traigáis
9. viene
10. se despidan

B.
1. tome
2. mejore
3. tiene
4. cambien
5. se fortalezca
6. se puede
7. exista
8. se liberalice
9. sea
10. empezará
11. puede

C. 1. – 10. Las respuestas variarán.

Ejercicios de comprobación (pág. 82)

A.
1. hable
2. viva
3. contenga
4. consume
5. sea
6. exija
7. abuse
8. florezca
9. haya
10. confiese

B. 1. – 5. Las respuestas variarán.

Ejercicios de comprobación (pág. 84)

1. se diviertan
2. aterrice
3. encuentre
4. pase
5. sea
6. os pongáis
7. haga
8. Sea
9. nieve
10. vinieron

Ejercicio de reflexión (pág. 84 – 85)

1. hayan
2. hayan
3. haya
4. hayas
5. hayamos

Ejercicios de comprobación (pág. 85)

1. se haya acabado
2. hayamos vuelto
3. hayas escrito
4. haya caminado
5. hayan consultado

Ejercicio de reflexión (pág. 86)

1. se divirtiera / se divirtiese
2. tradujeras / tradujeses
3. estuviera / estuviese
4. anduviéramos /anduviésemos
5. oyerais / oyeseis
6. hiciera / hiciese
7. durmieran /durmiesen
8. cupiéramos / cupiésemos
9. siguiera / siguiese
10. supieras / supieses

Ejercicios de comprobación (pág. 88 – 89)

A.
1. vinieran / viniesen
2. tuviera / tuviese
3. saliéramos / saliésemos
4. hubiera / hubiese
5. estuvierais / estuvieseis
6. se graduara / se graduase
7. recibieran / recibiesen
8. hablara / hablase
9. volviera / volviese
10. oyera / oyese

B. 1. volviera / volviese
   2. comiéramos / comiésemos
   3. fuera / fuese
   4. diera / diese
   5. viera / viese
   6. supiera / supiese
   7. vendieras / vendieseis

Ejercicio de reflexión (págs. 89 – 90)

1. hubiera / hubiese escapado
2. hubiera / hubiese hecho
3. hubiera / hubiese dicho
4. hubieras / hubieses estado
5. hubiéramos / hubiésemos asistido

Ejercicio de comprobación (pág. 91)

1. hubiera / hubiese tenido
2. hubieran / hubiesen dicho
3. hubiéramos / hubiésemos olvidado
4. hubiera / hubiese visto
5. hubieras / hubieses podido

Ejercicios de repaso (págs. 91 – 95)

A. 1. vayas
   2. corra
   3. saliéramos / saliésemos
   4. sepáis / supierais (supieseis)
   5. dé
   6. vio
   7. viniera / viniese
   8. haya
   9. pudiéramos / pudiésemos
      O hubiéramos podido / hubiésemos podido
   10. llueva

B. 1. enseñara (enseñase)
   2. sea
   3. regresen
   4. hubiéramos (hubiésemos)
   5. llegar
   6. hablaba
   7. repitamos
   8. haya
   9. haga
   10. Las respuestas variarán.

C. 1. Depende
   2. Sí
   3. Sí
   4. Sí
   5. No
   6. Sí
   7. Sí
   8. No
   9. Depende
   10. Sí
   11. Sí
   12. Depende
   13. Depende
   14. Depende
   15. Sí
   16. Depende
   17. Depende
   18. Sí
   19. No
   20. No

D. Las respuestas variarán. Respuestas possibles:
   1. Era
   2. hacía
   3. anocheciera
   4. fuimos
   5. estaba
   6. temíamos
   7. volviera
   8. había
   9. pronosticado
   10. esperábamos
   11. se cancelaría
   12. habían
   13. acudido
   14. hubo
   15. pudiera
   16. iba
   Las conclusiones variarán.

E. 1. Susana salió sin que nosotros nos enteráramos / enterésemos.
   2. No van a verme hasta que ellos vuelvan.
   3. Ojalá (que) todos se diviertan / nos divirtamos mucho esta noche.
   4. No había nada que nos interesara / interesase en la liquidación.
   5. En caso de que llueva, lleve Ud. un paraguas.

F. 1. Él estudia cuando tú lees.
   2. Nos quedaremos aquí hasta que ellos lleguen.
   3. Yo no iría si Uds. no pudieran / pudiesen acompañarme.
   4. Ellos salieron de la casa sin que nadie los viera.
   5. Aprendimos la lección después de que habíamos estudiado tres horas.
   6. No me permitió hablar a menos que yo hablara / hablase en español.
   7. Tenían una casa que era grande y bonita.
   8. No saldremos si llueve mañana.
   9. Uds. hablan español como si Uds. fueran / fuesen de España.
   10. Él nos lo dijo para que nosotros supiéramos / supiésemos la verdad.

G. 1.–10. Las respuestas variarán.

H. 1. querían
   2. compraran / comprasen
   3. tenía
   4. debía
   5. fuimos
   6. dijo
   7. había
   8. querían
   9. nos alegramos
   10. hubiera / hubiese
   11. tenía / tuviera
   12. llamamos
   13. fijamos
   14. estaban
   15. permitió
   16. jugaran / jugasen
   17. insistimos
   18. escogieran /escogiesen
   19. gustara / gustase
   20. fue
   21. vino

I. 1.–10. Las respuestas variarán.

J. 1. sacaría
   2. veríamos
   3. daríamos
   4. tendríamos
   5. viajarían
   6. te levantarías
   7. iría
   8. habrían
   9. hablaríamos
   10. saldríamos

Actividades de comunicación creativa (pág. 96)

A. – B. Las respuestas variarán

Quinta Lección

Ejercicio de reflexión (pág. 97)

1. el	7. el	13. la	18. el
2. el	8. la	14. la	19. el
3. la	9. el	15. el	20. la
4. el	10. la	16. el	21. la
5. la	11. la	17. el	
6. el	12. el		

Ejercicios de comprobación (págs. 101 – 102)

A. 1. la	6. el	11. el	16. la
2. el	7. la	12. la	17. el
3. el	8. el	13. el	18. la
4. el	9. el	14. la	19. la
5. la	10. la	15. el	20. el

B. 1. el, el	5. la, la	9. el
2. La, el	6. La, los	10. la
3. el, la	7. el, el	
4. La, la	8. el, la	

C. 1. la nuera	6. la yegua	11. la gallina	16. la infanta
2. la emperatriz	7. la actriz	12. la pianista	17. la monja
3. la madre	8. la reina	13. la hembra	18. el tiburón
4. la artista	9. la esposa / la mujer	14. la vaca	19. la heroína
5. la testigo	10. la pintora	15. el murcielago	20. el mosquito

Ejercicio de reflexión (págs. 102 – 103)

1. La, las	5. los, el, una	9. El, un
2. El (Un), el	6. La, una	10. el, del
3. Los, las	7. Los, del (Unos, un)	
4. Los, el, los	8. los	

Ejercicios de comprobación (pág. 105)

1. La, los	5. La	9. al
2. Los	6. las	10. Lo, las
3. los	7. El	
4. el	8. El	

Ejercicio de comprobación (pág. 106)

1. una	6. una	11. un	16. un
2. una	7. una	12. una	17. una
3. un	8. un	13. un	18. un
4. un	9. una	14. una	
5. un	10. una	15. una	

Ejercicio de reflexión (pág. 107)

1. los matices
2. las manzanas
3. los volcanes
4. unas paredes
5. los corrales
6. las canciones
7. unos hoteles
8. las tesis
9. las aguas
10. los sacapuntas
11. los bueyes
12. unos automóviles
13. los martes
14. los abedules
15. los irlandeses
16. los astronautas
17. los lápices
18. unos planetas
19. los helicópteros
20. las mamás

Ejercicios de comprobación (págs. 108 – 109)

A.
1. reyes
2. sofás
3. miércoles
4. dedos
5. pies
6. rascacielos
7. portales
8. balcones
9. colibríes
10. jueces
11. Ellos
12. bambúes
13. papeles
14. bailarines
15. melocotones

B. 1. – 10. Las respuestas variarán.

Ejercicios de repaso (págs. 109 – 112)

A.
1. un
2. los, del
3. Los, la
4. El, un
5. El, los
6. El, un
7. la, del
8. la, del
9. El
10. del, el
11. un / el, al
12. El
13. La, una / la
14. el
15. un / el, un / el

B.
1. -
2. -
3. la
4. La, la, -
5. las
6. los
7. -
8. -
9. -
10. el

C. a.
1. los
2. las
3. el
4. del
5. Al
6. el
7. al
8. unos
9. la
10. del

b.
1. la
2. el
3. la
4. los
5. del
6. el
7. del
8. el
9. los
10. una

c.
1. la
2. una
3. del
4. un, del
5. las
6. la
7. Una
8. el
9. el
10. Los
11. un

D. 1. – 5. Las respuestas variarán.

E.
1. vinieran / viniesen
2. vea
3. afecta
4. fuera / fuese
5. haya / hubiera (hubiese) enfermado
6. dejara / dejase
7. descanse
8. hubieran / hubiesen
9. asistieran / asistiesen
10. escojas
11. anular
12. puedo / podré
13. haya / hubiera [hubiese]
14. costara / costase
15. pudiera / pudiese

F.
1. interesara / interesase
2. fuera / fuese
3. supieras / supieses
4. van
5. hubiera / hubiese
6. tuviéramos / tuviésemos
7. robara / robase
8. me reencarnara / reencarnase
9. hubiera / hubiese
10. viviéramos / viviésemos

Actividades de comunicación creativa (pág. 112)

A. – B. Las respuestas variarán.

Sexta Lección

Ejercicio de reflexión (pág. 114)

1. Siempre *los* buscamos.
2. Nos *los* entregaron.
3. Se *los* regalaremos.
4. Por favor, mánde*sela*.
5. ¿*La* conociste en el baile?
6. Pilar, ¡ofréce*selos*!
7. *Lo* tendrán que resolver antes de mañana. / Tendrán que resolver*lo* antes de mañana.
8. El pasajero *se los* contó.
9. Yo ya *la* había rechazado.
10. ¿*Los* vais a aprender de memoria? / ¿Vais a aprender*los* de memoria?

Ejercicios de comprobación (págs. 116 – 117)

A.
1. se lo
2. la
3. se la
4. me los
5. se la
6. lo
7. los
8. las
9. se los
10. lo

B.
1. No los traigas.
2. No los pongamos sobre el mostrador.
3. No se las envíes.
4. No se las preparen.
5. No se las quites.
6. No la enciendas.
7. No las compre a cinco euros la docena.
8. No la pintemos.
9. No os levantéis a las siete de la mañana.
10. No se los preparen.

Ejercicio de reflexión (págs. 117 – 118)

1. me
2. nos
3. se, se
4. os, Os
5. te

Ejercicios de comprobación (págs. 119 – 120)

A.
1. me
2. me
3. me
4. me
5. me
6. se
7. nos
8. me
9. me
10. nos

B. 1. – 4. Las respuestas variarán.

C.
1. acción recíproca
2. situación inesperada
3. voz pasiva
4. acción recíproca
5. acción recíproca
6. voz pasiva
7. participación intensa
8. participación intensa
9. situación inesperada
10. pronombre reflexivo

Ejercicio de reflexión (pág. 121)

1. Todos van sin *él*.
2. Las dos irán con *ellos*.
3. Isabel y yo estábamos allí con *ellos*.
4. Pensamos ir sin *ellas*.
5. Háblame de *él*.
6. ¿Piensas mucho en *ella*?
7. Las fotos son de *él*.
8. Estuvieron cerca de *ella*.
9. Lo (le) he llamado a *él*.
10. Los muebles no estaban en *él*.

Ejercicios de comprobación (pág. 123)

1. Sí, me doy cuenta de *ello*. / No, no me doy cuenta de *ello*.
2. Sí, dejamos el carro enfrente de *él*. / No, no dejamos el carro enfrente de *él*.
3. Sí, todos los ministros acudieron a *ella*. / No, no todos los ministros acudieron a *ella*.
4. Sí, salí sin *él*. / No, no salí sin *él*.
5. Sí, volarán sobre *ellas* en el próximo viaje al Cono Sur. / No, no volarán sobre *ellas* en el próximo viaje al Cono Sur.
6. Sí, voy a colocar la nueva pintura en *ella*. / No, no voy a colocar la nueva pintura en *ella*.
7. Sí, les puedo hacer un favor a *ellos*. / No, no les puedo hacer un favor a *ellos*.
8. Sí, he escrito mis ideas al pie de *ella*. / No, no he escrito mis ideas al pie de *ella*.

Ejercicios de repaso (págs. 123 – 128)

A.
1. Me *lo* van a prestar para este fin de semana.
2. *Lo* toca para animar a su madre.
3. Es necesario mandár*selo*.
4. ¿Vas a ponérte*las* antes de ir?
5. Estaban explicándonos*las* cuando ella entró.
6. No *se los* repitáis vosotros.
7. *Se las* dieron.
8. Vengo a dár*selos*. / *Se los* vengo a dar.
9. *Lo* vimos cerrándo*las*.
10. El ladrón *lo* atacó en pleno día.
11. ¡Marta, lée*sela*!
12. *Se la* mostró.
13. Los habitantes *las* mantendrán limpias.
14. A él le gusta dárnos*lo*.

B.
1. Hay un recado aquí para *ella*.
2. Enrique entró en el recibidor después de *él* y de *mí* (de *nosotros*).
3. No ha conversado nunca con *ellos*.
4. ¿La dejarán al lado de *él*?
5. Antes de hacerlo queremos consultarlo con *él*.
6. Los dos salieron de *él* a la vez.
7. No *las* pongan encima de los muebles.
8. Traen flores para *ella*.
9. ¿Hay algo aquí para *ellas*?
10. Entró en *él* sin *ellas*.

C.
1. contigo
2. ella
3. Te
4. se
5. se
6. te lo
7. le
8. Os
9. la
10. mencionár*selo*

D. 1. Estaban reflexionando sobre *ellos*.
   2. Ella no puede soportar*la* de *ellos*. / Ella no *la* puede soportar de *ellos*.
   3. El joven no sabe enfrentarse con *ella*.
   4. Se la propusimos.
   5. Ellos *se lo* deben.
   6. ¡Clara, dáme*la*!
   7. *La* izaron en la Luna.
   8. No siga Ud. por *él*.
   9. Dijeron que *la* averiguarían.
   10. Nos *la* echaron a nosotros.
   11. ¿Se *los* vas a leer? / ¿Vas a le*érselos*?
   12. No *se las* preguntes.
   13. El prisionero se escapó de *ella*.
   14. ¿*Lo* llevarás si hace fresco?
   15. El niño no quiere perder*lo*. / El niño no *lo* quiere perder.
   16. Vamos a dár*sela*. / *Se la* vamos a dar.
   17. No *las* creáis.
   18. No *lo* están cosechando a causa de *ella*. / No están cosechándo*lo* a causa de *ella*.
   19. Por favor, explíquenos*las*.
   20. No pudieron reconocer*los*. / No *los* pudieron reconocer.

E. 1. nos
   2. lo
   3. someterse
   4. nos / -
   5. ellas
   6. nos / -
   7. morirse
   8. lo
   9. se
   10. me
   11. él
   12. le
   13. me
   14. me
   15. Se
   16. lo
   17. háganse
   18. perjudicarse
   19. -
   20. Edúquense
   21. él / ella

F. 1. el
   2. el
   3. la
   4. el
   5. el
   6. las
   7. los
   8. la
   9. la
   10. los
   11. la
   12. el
   13. el
   14. la
   15. el
   16. las
   17. la
   18. las
   19. el
   20. el
   21. la
   22. el
   23. el
   24. la

G. 1. un
   2. los
   3. el
   4. el, el
   5. la
   6. una
   7. el, un
   8. El, la
   9. Los, los
   10. -, una / la
   11. La, del
   12. las
   13. las, la
   14. un / el
   15. -

Actividades de comunicación creativa (pág. 129)

A. – B. Las respuestas variarán.

Séptima Lección

Ejercicio de reflexión (págs. 131 – 132)

1. mi; suya
2. tus; míos
3. su; nuestras
4. vuestros; suyos
5. tu; mía

Ejercicio de reflexión (pág. 134)

1. El nuestro
2. Los tuyos
3. la suya / las suyas
4. La suya
5. El mío
6. las vuestras
7. la suya / las suyas
8. Los míos

Ejercicios de comprobación (pág. 135)

1. el nuestro
2. el mío
3. tu
4. el suyo, el mío
5. la mía
6. al mío
7. la nuestra
8. el suyo
9. la nuestra
10. el suyo
11. la nuestra
12. las tuyas
13. tu
14. sus
15. Nuestros

Ejercicios de reflexión (págs. 136 – 137)

A.
1. Estos niños asisten…
2. Esta bebida está fría.
3. Aquellos días…
4. ¿Cuál es tu entrada, ésta o ésa?
5. La entrenadora… esa no tiene…

B.
1. eso
2. aquélla
3. éste
4. éste, aquél
5. éste

Ejercicios de comprobación (págs. 138 – 140)

A.
1. El investigador ese no tiene…
2. Esas motocicletas son…
3. ¿Cuál es tu pulsera, ésta o ésa?
4. Aquél llegó…
5. Prefiero éstas; no aquéllas.

B.
1. Aquel / Ese
2. Estas
3. Este, aquella / esa
4. Estos
5. esas
6. Aquellas / Esas / Estas
7. Esos
8. Este
9. Aquella / Esa
10. Esta / Esa

C.
1. el
2. ésta / ésa
3. las
4. el
5. la / ésta
6. éste
7. aquéllos
8. aquélla / ésa / ésta
9. éste
10. Este

D. 1. su
   2. tus
   3. nuestros
   4. sus

   5. mi
   6. mis
   7. los tuyos
   8. sus

   9. las suyas
   10. los tuyos
   11. las suyas

   12. Los suyos
   13. el mío
   14. nuestros

E. 1. estas
   2. estos
   3. esos
   4. aquellas

   5. estas
   6. aquellos
   7. los
   8. estas

   9. estos
   10. aquella / esa
   11. aquella / esa

   12. estas
   13. Estos
   14. aquellos / esos

Ejercicios de repaso (págs. 140 – 142)

A. 1. Sí, *la* vi.
   2. Sí, Laura *lo* quiere relatar. / Laura quiere relatar*lo*.
   3. Sí, ellos *los* conocen.
   4. Sí, *la* vendería.
   5. Sí, me *las* dieron.
   6. Sí, ellos *los* estaban leyendo. / Ellos estaban leyéndo*los*.
   7. Sí, *te* comprendo bien.
   8. Sí, vamos a tomar*lo*. / Sí, *lo* vamos a tomar.
   9. Sí, *las* hemos visto.
   10. Sí, la maestra *las* escribirá en la pizarra.
   11. Sí, *se lo* di.
   12. Sí, *las* he visto.
   13. Sí, *se la* mandamos a Sara.
   14. (Él) *me los* quitó.
   15. Sí, *lo* está preparando. / Está preparándo*lo*.
   16. Sí, *me la* pongo de vez en cuando.
   17. Sí, *se la* pediré a mis vecinos.
   18. No, no nos gusta comer*lo*.
   19. No, nunca *me lo* han dado.
   20. No, no podemos empezar*lo*.

B. 1. la
   2. La, lo / le
   3. me

   4. la
   5. los
   6. la

   7. la
   8. ella

   9. me
   10. nos

C. 1. gusta
   2. entiende
   3. quiero

   4. me ponga
   5. me quite
   6. vea

   7. sabe
   8. tengo
   9. teme

   10. pueda
   11. importa
   12. se tranquilice

Actividades de comunicación creativa (pág. 142)

A. – B. Las respuestas variarán.

Octava Lección

Ejercicio de reflexión (pág. 143)

1. Cuántas
2. Cuándo
3. Qué
4. Qué
5. Qué
6. qué
7. qué
8. quién
9. Qué
10. Cuál

Ejercicios de comprobación (pág. 145)

1. Qué
2. Cuándo
3. Dónde
4. Cuántas
5. Cuál
6. Adónde
7. Para qué
8. Cómo
9. dónde
10. Cuál

Ejercicio de reflexión (pág. 146)

1. Qué
2. Cómo / Cuánto
3. Cómo / Cuánto
4. Qué
5. Cómo / Cuánto

Ejercicios de comprobación (pág. 147)

1. Cómo
2. Qué
3. Cuánto
4. Qué
5. Cuán / Qué
6. Qué
7. Cómo
8. Qué
9. Qué
10. Cuán

Ejercicios de repaso (págs. 147 – 150)

A.
1. Qué
2. Para qué
3. Cuántos
4. cuál
5. Cómo
6. Por qué
7. Cuál
8. Cuándo
9. Cómo / Cuánto
10. Dónde

B.
1. Qué
2. Por qué
3. Cuántos
4. De dónde
5. Cómo
6. Cuánto
7. qué
8. Cuándo
9. quién(es) / cuántos
10. Cuál

C. 1. – 15. Las respuestas variarán.

D.
1. a. Tus
   b. Nuestros
   c. Sus
   d. Vuestros
2. a. Las suyas
   b. Las vuestras
   c. Las nuestras
   d. Las tuyas
3. a. Su
   b. Nuestro
   c. Su
   d. Tu
4. a. La suya
   b. La suya
   c. La tuya
   d. La nuestra

E.
1. ésta
2. Esas / Aquellas
3. Eso
4. Este, aquel
5. ésta, aquélla
6. Aquellos / Esos
7. Esta
8. Estas
9. aquel / ese
10. Esas

Actividades de comunicación creativa (pág. 150)

A. – B. Las respuestas variarán.

Novena Lección

Ejercicio de reflexión (pág. 151)

1. que
2. los cuales / los que
3. quien
4. cuyos
5. quien
6. cuyo
7. lo cual / lo que
8. que
9. que
10. quienes

Ejercicios de comprobación (págs. 154 – 156)

A.
1. Quien / El que
2. Los que
3. que
4. cual / que
5. lo que
6. cuyas
7. cual / que
8. cuyo
9. quien
10. cuyos
11. cual / que
12. cuyos
13. que
14. que
15. que / el que / el cual
16. quien
17. que / el que
18. que / la que
19. que
20. que / el cual

B.
1. que
2. quien
3. cuyos
4. cuyo
5. cual / que
6. que
7. Lo que
8. que
9. el que / que
10. que
11. quien
12. quien
13. que / cual
14. lo que
15. quien / la (el) que

C.
1. El senador que defiende las leyes contra el crimen es valiente.
2. El perro que es blanco y negro es un dálmata.
3. Las naranjas que crecen en Valencia producen un jugo exquisito.
4. Ella compró una casa con una torre de la cual se puede ver el mar.
5. La motocicleta de la que me hablaste puede circular por las callejuelas.
6. Recibí un correo electrónico de mi hija en el que me cuenta sus proyectos.
7. El lapicero con el que escribes es muy fino.
8. La película de la que nos hablaron me gustó muchísimo.
9. Los acróbatas que se balancean en un trampolín dan la impresión que vuelan.
10. Queremos que haga menos frío lo que es imposible en febrero.

D.
1. que
2. quien
3. cuyo
4. Los
5. que
6. que
7. que
8. lo que
9. que
10. del cual

Ejercicios de repaso (págs. 156 – 157)

A.
1. Cómo
2. quién
3. Adónde
4. qué
5. Cómo
6. dónde
7. Cuándo
8. por qué
9. quién
10. Cuántos
11. Cuánto, Cómo
12. Cuántos
13. Qué
14. Cuál
15. Cuál

B. 1. *¿Cuántas* personas asistieron al estreno de la película?
2. *¿Adónde* iréis / irán para pasar las vacaciones?
3. *¿De qué color* es el vestido nuevo de Juanita?
4. *¿A qué hora / Cuándo* llegarán vuestros / sus primos?
5. *¿Cuál* es su nueva dirección?
6. *¿A quién l*e disteis / dieron las llaves?
7. *¿Quién(es)* le quitaron el bolso?
8. *¿Con quién(es)* van a la ópera?
9. *¿Por dónde / Cómo* conducen en Inglaterra?
10. *¿Qué* idioma hablan tus / sus vecinos?

Actividades de comunicación creativa (pág. 158)

A. – B. Las respuestas variarán.

Décima Lección

Ejercicios de reflexión (pág. 160)

A. 1. *Nunca (Jamás)* borro la pizarra. / No borro *nunca* la pizarra.
   2. No entró *nadie* en el cuarto. / *Nadie* entró en el cuarto.
   3. Él *no* sabe *nada* de astronomía.
   4. *No* tenemos *ningún* compañero extranjero.
   5. Ella *no* tiene *más* de diez dólares.

B. 1. Uno *siempre* sabe cómo va a reaccionar la gente.
   2. *Todavía* se baila el danzón.
   3. *Siempre* compramos fruta tropical.
   4. *Alguno(s)* de los expertos sabe(n) la respuesta. / *Todos* los expertos saben la respuesta.
   5. Los inspectores de salud pública van a venir *también*.

Ejercicios de comprobación (págs. 164 – 168)

A. 1. algo, nada
   2. Alguien / Nadie, nadie / alguien
   3. nunca, siempre
   4. unos / algunos, ninguno
   5. Ningún, ninguna
   6. nunca / jamás
   7. ni
   8. nadie

B. 1. *Todavía* no he cambiado los cheques de viajero.
   2. Ignacio y Rafael son hermanos; *ninguno* es cariñoso.
   3. *No* iremos *ni* a México *ni* a Colombia.
   4. *No* hay *más* de dieciséis alumnos en esta clase.
   5. *No* bebo limonada y *tampoco* bebo soda.
   6. *No* hay *ninguna* caja de ahorros en el centro.
   7. *Nunca* me acuesto temprano.
   8. Los muchachos *no* estudian matemáticas.
   9. A Enrique no le gusta esquiar. A mí *tampoco*.
   10. N*adie* / *Ninguno* lleva sus maletas.

C. 1. Siempre le entregamos…
   2. Sí, sí puedes…
   3. En la reunión de empresarios, vimos a alguien que conocemos / conocíamos.
   4. Sí, sí hay una pastilla que facilita / pastillas que facilitan bajar de peso.
   5. Su bisabuela todavía vive…
   6. Siempre he tenido ganas… / He tenido ganas…
   7. En la Red, encontré un enlace / enlaces…
   8. Al entrar, el invitado le dijo algo a alguien / a todos / a algunos.
   9. Sí compraron un CD / CDs…
   10. Ayer, pudimos jugar al golf y al tenis.

D. 1. Nadie.
   2. Nada.
   3. Todavía no. / No.
   4. A mí tampoco. / Tampoco.
   5. Nadie.
   6. No, nunca. / Nunca.
   7. No, yo no. / No.
   8. Nunca. / Jamás. / No.
   9. Yo tampoco. / Tampoco.
   10. Todavía no. / No.

E. 1. No venden *ninguna* clase de fruta en el mercado.
2. *(Sí,) Vi algo* que me gustó en la exposición.
3. (Sí,) Hay *alguien* aquí que sabe hablar sueco.
4. La catedral no tiene *ninguna* vidriera gótica.
5. *(Sí,) Ya* han descubierto *un* buque sumergido.
6. No queremos ir *ni* al teatro *ni* a escuchar música.
7. Ella *todavía no* sabe montar a caballo.
8. *Nunca* escribo mis cartas por la noche.
9. *(Sí,) Algunas* veces he ganado la lotería.
10. *Nadie* debe ser generoso con el prójimo.
11. *No* me lo contó *nadie* en el vestuario del centro deportivo.
12. Ellos *no* juegan *ni* al tenis *ni* al jai-alai.
13. *No* recibimos *ninguna* carta de Australia.
14. (Sí,) Pudimos contestar a *una / alguna* pregunta / a algunas preguntas.
15. ¿No conoces a *nadie* que hable quechua?

F. 1. increíble
2. ineducado
3. descuidar
4. contradecir
5. contraluz
6. incapaz
7. antihéroe
8. inútil
9. deshacer
10. infeliz
11. inválido
12. infrecuente
13. inflexible
14. desanimarse
15. anticomunista
16. incorrecto

Ejercicios de repaso (págs. 168 – 170)

A. 1. los que / que / los cuales
2. cuyo
3. cuyos
4. los que / quienes
5. que / la que
6. a quienes / que
7. las que / que / las cuales
8. que
9. que
10. el que / quien
11. lo que
12. del que / del cual
13. quien
14. que

B. 1. quienes / que
2. cuyos
3. que
4. los que
5. que
6. Los que / Quienes
7. cuyas
8. quien(es) / los que / los cuales
9. Lo que
10. quienes / los que
11. lo que
12. que
13. la que / la cual
14. quienes / los que

Actividades de comunicación creativa (pág. 170)

A. – B. Las respuestas variarán.

Lección Once

Ejercicio de reflexión (pág. 171 – 172)

1. vieja, española
2. interesante
3. alemanas
4. encantadora
5. gran, conocido
6. divertidas
7. aplicados
8. fría
9. difíciles
10. persistente

Ejercicios de comprobación (págs. 175 – 176)

A.
1. cien
2. algún
3. quinientos veintiún
4. San
5. media
6. tercer
7. mejores
8. cualquiera
9. canadienses
10. cualquier
11. tales
12. mediocres
13. inferior
14. geniales
15. grandes

B.
1. ciertos países subdesarrollados
2. el tercer capítulo gramatical
3. Las respuestas variarán. Posible: un huracán terrible y desastroso
4. Las respuestas variarán. Posible: muchas tardes largas y calurosas
5. Las respuestas variarán. Posible: otras fieles y dedicadas amistades
6. algunas médicas inglesas
7. pocas cosas interesantes
8. la Segunda Guerra Mundial
9. algún cacique taíno
10. unas mujeres iraníes
11. tales rimas sonoras / tales sonoras rimas
12. cien páginas seleccionadas
13. la última comida ligera
14. Las respuestas variarán. Posible: varias soluciones comprensibles y sencillas
15. cada persona conservadora

Ejercicio de reflexión (pág. 176)

1. aquí
2. arriba
3. tarde
4. poco
5. lentamente
6. hoy

Ejercicios de comprobación (pág. 180)

A.
1. generalmente
2. curiosamente
3. excelentemente
4. afortunadamente
5. impacientemente
6. ferozmente
7. sigilosamente
8. alegremente
9. rápidamente
10. orgullosamente

B.
1. con cuidado
2. con paciencia
3. con tristeza
4. con violencia
5. con franqueza
6. con cortesía
7. con cariño
8. con alegría
9. con profundidad
10. con felicidad

C. 1. correctamente
   2. cortésmente
   3. alegremente
   4. rápidamente
   5. fácilmente
   6. desesperada
   7. constantemente
   8. lujosamente
   9. valientemente
   10. manualmente

Ejercicio de reflexión (pág. 181)

1. Las palmas son más altas que los olivos.
2. Las casas humildes tienen menos pisos que los rascacielos.
3. Antonio es más alto que su hermanito Luisito.
4. El verano es más caluroso que el invierno.
5. La madera es menos dura que el acero.
6. El plomo es más pesado que la pluma.
7. Nosotros comemos más carne que pescado. / Nosotros comemos menos carne que pescado.
8. La vida urbana ofrece más opciones que la vida rural.
9. Una tormenta destruye menos que un huracán.
10. Un sillón ocupa menos espacio que un sofá.

Ejercicios de comprobación (págs. 183 – 184)

A. 1. Él es menos simpático que su hermana.
   2. Tú bailas mejor que José.
   3. El profesor tiene más años que mi padre.
   4. Rosa tiene menos amigas que su prima.
   5. Este coche es mejor que el mío.
   6. Esos jóvenes tienen que trabajar menos que nosotros.
   7. Aquel señor tiene más dinero que su padre.
   8. Ayer, hacía mucho calor y yo tomé más refrescos que tú.
   9. Yo comí menos fresas que mi compañero.
   10. Él es menos conservador que yo.

B. 1. Un abogado habla tanto como un médico.
   2. Mi madre compra tanta ropa como yo.
   3. ¿Quién habla tan bien como ese político?
   4. El palacio del conde tiene tantas habitaciones como este hotel.
   5. En algunos países Cervantes es tan famoso como Shakespeare.
   6. ¿Habrá tantas santas como santos?
   7. Ese pobre deshauciado tiene tanta hambre como cualquier mendigo.
   8. Nadia puede ser tan malo como ese sinvergüenza.
   9. Este arquitecto construyó tantos museos de arte moderno como los otros.
   10. ¿Tu padre es tan bajo como tú?

Ejercicios de comprobación (págs. 185 – 186)

A. 1. buenísimo
   2. guapísimo
   3. amabilísimo
   4. muchísimo
   5. riquísimo
   6. felicísimo
   7. simplísimo
   8. malísimo
   9. prontísimo
   10. cerquísimo

B. 1. Es la lectura más difícil del libro.
   2. Es la fiesta más divertida del año.
   3. El verano es la mejor estación del año.
   4. Julio es el mes más caluroso.
   5. Es el cuadro más famoso del museo.
   6. El fútbol es el deporte más popular del país.

Ejercicios de repaso (págs. 186 – 188)

A. 1. facilísimo   5. fresquísimo   9. pequeñísimo
    2. malísimo   6. lentísimo   10. frecuentísimo
    3. responsabilísimo   7. poquísimo
    4. interesantísimo   8. grandísimo

B. Las respuestas variarán. Repuestas posibles:
    1. es tan frío como el invierno en Finlandia.
    2. escribimos menos ensayos que ellos.
    3. es menor que mi padre. / tiene menos años que mi padre.
    4. peor que ella.
    5. corre tan rápidamente como el leopardo.
    6. menor que mi sobrino. / más joven que mi sobrino.
    7. ganan tanto como los ingenieros.
    8. es tan alto como la catedral.
    9. valen menos que los diamantes.
   10. son más baratos que la langosta.
   11. es tan sabroso como el solomillo.
   12. cuesta menos que viajar en avión.

C. 1. *Nunca* preparan tamales para la Navidad.
    2. *Ni* José *ni* Miguel pasará por aquí.
    3. *Nada* interesante va a ocurrir en la Plaza Mayor.
    4. *Nadie* está tocando las campanas de la torre.
    5. Ellos *ya no* tienen su perro pastor alemán.
    6. *No* vieron *ninguna* película el verano pasado.
    7. *No, no* recibimos buenas notas en los exámenes.
    8. *No* trajo *ningún* tipo de fruta en la cesta.
    9. Ahora *no* hay más de treinta mil habitantes en nuestra ciudad.
   10. Los profesores *tampoco* asistieron a la reunión.

D. 1. nada   5. nunca / jamás   9. tampoco
    2. nadie   6. cualquiera   10. nunca / jamás
    3. ninguno   7. nada
    4. ninguna   8. ni, ni

Actividades de comunicación creativa (pág. 189)

A. – B. Las respuestas variarán.

Lección Doce

Ejercicio de reflexión (págs. 191 – 192)

1. a
2. en, de
3. de
4. en
5. con
6. de
7. al
8. de, al, de
9. para
10. para
11. por
12. por
13. en
14. entre
15. en

Ejercicios de comprobación (págs. 196 – 200)

A.
1. enfrente de
2. alrededor del
3. encima de
4. del / sobre
5. con
6. en
7. de
8. en, a
9. con
10. para
11. Por
12. Al
13. sobre / en
14. hasta / antes de
15. desde / del, hasta / al
16. para / de
17. de, de
18. en
19. Bajo / Durante
20. delante de

B.
1. por
2. para
3. para
4. por
5. por
6. por
7. por
8. por
9. Para
10. para
11. para
12. por
13. por
14. por
15. Para
16. por
17. por
18. por
19. por
20. Por

C.
1. por
2. por
3. por
4. por
5. para
6. para
7. por
8. por
9. para
10. por

D. 1. – 5. Las respuestas variarán.

E.
1. en
2. de
3. por
4. en
5. a
6. en
7. de
8. en
9. de
10. a
11. de
12. de
13. para
14. con
15. en
16. a
17. de
18. para
19. del
20. a
21. de
22. Por
23. a
24. del
25. de
26. con
27. a
28. para
29. de
30. Por
31. a
32. de
33. para
34. para
35. entre
36. sobre
37. a
38. de
39. del
40. a
41. a
42. en
43. a
44. en
45. para
46. al
47. a
48. -
49. al
50. para
51. a
52. en
53. de
54. para
55. en
56. a
57. por
58. Durante
59. para
60. sobre
61. para
62. del
63. por
64. Al
65. a
66. con
67. de
68. de
69. de
70. de / sobre

Ejercicio de reflexión (pág. 201)

1. aunque
2. sino
3. así que
4. porque / así que / por lo tanto
5. ya
6. por lo tanto / así que
7. o, Ni, ni
8. y

Ejercicios de comprobación (págs. 203 – 204)

A.
1. pero
2. aunque
3. Si
4. e
5. pero
6. aunque
7. sino
8. así que / conque
9. así que / luego
10. que

B. 1. – 10. Las respuestas variarán.

Ejercicios de repaso (págs. 204 – 206)

A.
1. otras personas
2. habitantes japoneses
3. veintiún días
4. abuela cariñosa
5. varios problemas
6. accidentes fatales
7. algún país
8. regiones fértiles
9. peluqueras trabajadoras
10. cada individuo
11. precios caros
12. quinientas páginas
13. señoras españolas
14. animales feroces
15. idiomas extranjeros

B.
1. comiquísimo
2. lentísimo
3. pequeñísimas
4. feísima
5. poquísimo
6. correctísimo
7. facilísimo
8. carísima
9. rapidísimo
10. simpatiquísimos

C.
1. El jefe es tan trabajador como los empleados.
2. Este vestido es más feo que el otro.
3. Los niños cantan tan bien como los mayores.
4. Tú tienes tanta paciencia como yo.
5. Su hermana es tan alta como la mía.
6. El nuevo plan es tan malo como el viejo.
7. Ella ha leído menos que tú.
8. Mi compañero gasta menos que yo.
9. En este lago, hay tantas lanchas de motor como barcos de vela.
10. Hay tantos mosquitos en julio como en agosto.
11. Hizo más frío este invierno que durante el invierno pasado.
12. Tienes menos años que yo.
13. Este año, ha habido más turistas en España que en Italia.
14. Hay menos diversiones en esta ciudad que en la otra.
15. La Argentina exporta tanta carne como Texas.

Actividades de comunicación creativa (pág. 206)

A. – B. Las respuestas variarán.

Lección Trece

Ejercicios de comprobación (pág. 208)

A.
1. les cae
2. te sobran
3. nos encantan
4. Les molesta
5. me fastidian
6. Os conviene
7. les parece
8. le toca
9. les encanta
10. le agrada

B. 1. – 10. Las respuestas variarán.

Ejercicios de comprobación (pág. 209)

1. truena, relampaguea
2. nieve
3. hiela
4. granice
5. nieva
6. llueva
7. llueva / lloverá
8. truena
9. llueve
10. hiele

Ejercicios de comprobación (pág. 211)

1. sobresaliente
2. moviente
3. errante
4. corriente
5. oyente
6. chocante
7. pudiente
8. abundante
9. edificante
10. caminante
11. doliente
12. sofocante
13. cantante
14. durmiente
15. creyente
16. crujiente

Ejercicios de comprobación (pág. 213)

1. Hace diez años que mi familia compró una casa.
2. Hace un mes que ellos visitaron el museo Reina Sofía.
3. Hace tres años que yo estudio español.
4. Hace media hora que tú escribes un correo electrónico.
5. Hace un año que nosotros vivimos en esta ciudad.

Ejercicios de comprobación (págs. 214 – 216)

A.
1. le aburren
2. me interesa
3. nos encantan
4. le duele
5. le importa
6. os cae
7. les conviene
8. me molesta
9. les queda
10. te sorprendió / sorprende

B.
1. lloverá / llovería
2. Relampaguea
3. heló / hiela
4. Nevará
5. granice
6. Truena
7. nieve, llueva
8. se heló
9. llueve
10. granizó / había granizado

C.
1. hablar / saber
2. jugar / practicar
3. viajar
4. comer
5. tocar / escuchar
6. gastar / perder
7. conducir / manejar
8. respirar
9. enseñar
10. andar / montar

D. 1. sofocante
   2. cantante
   3. sobresalientes
   4. pudiente
   5. durmiente
   6. creyente
   7. errante
   8. ardiente
   9. sobreviviente
   10. impresionante

E. 1. aceptable
   2. aprovechable
   3. rechazable
   4. soportable
   5. respetable
   6. preferible
   7. durable
   8. dirigible
   9. movible
   10. transferible

F. 1. subarrendar
   2. sobreentender
   3. sobreexcitar
   4. subrayar
   5. sobrepasar
   6. subdesarrollar
   7. sobrecargar
   8. sobrevivir
   9. substraer
   10. sobreponer

G. 1. Hacía
   2. Hace
   3. hace / hacía
   4. Hace
   5. Hacía
   6. Hace
   7. Hace
   8. Hacía
   9. hace
   10. hace

H. 1. tengo ganas de
   2. tiene razón
   3. da a
   4. echan de menos
   5. están de acuerdo
   6. tenga éxito
   7. hacen falta
   8. prestan atención
   9. tendremos calor
   10. dio en

Ejercicios de repaso (págs. 217 – 218)

A. 1. a
   2. según
   3. entre / con
   4. con / en, contra
   5. por, para
   6. por
   7. bajo / durante
   8. a / hacia
   9. para / de
   10. sobre / en
   11. ante / frente al
   12. con, sin

B. 1. – 10. Las respuestas variarán.

Actividades de comunicación creativa (pág. 218)

A. – B. Las respuestas variarán.

Prentice Hall
is an imprint of

SAVVAS
LEARNING COMPANY

ISBN-13: 978-0-13-361127-4
ISBN-10:   0-13-361127-2

EAN

90000

9 780133 611274